풍경

문학과사람 시선 029

풍경
문학과사람 시선 029

초판 1쇄 발행 | 2024년 3월 12일

지 은 이 | 김광기
펴 낸 이 | 김광기
펴 낸 곳 | 문학과 사람
등록번호 | 제2016-9호
등록일자 | 2016년 7월 22일
주　　소 | 경기도 시흥시 하상로 36 금호타운 301-203
　　　　　서울시 마포구 성미산로 1길 30, 2층
전　　화 | 031) 253-2575
전자우편 | poetbooks@naver.com
홈페이지 | http://cafe.daum.net/yadan21

ISBN 979-11-93841-03-7 03810

값 12,000원

* 이 책은 전부 또는 일부 내용을 재사용하려면 저자와 '문학과 사람'의 동의를 받아야 합니다.
* 이 도서의 국립중앙도서관 출판도서목록은 서지정보유통지원시스템 홈페이지(http://seoji.nl.go.kr)와 국가자료공동목록시스템(http://www.nl.go.kr/kolisnet)에서 이용하실 수 있습니다.

* 이 시집은 교보문고와 연계하여 전자책으로도 출간됩니다.

풍경

김광기 시집

* 본문에서 페이지가 바뀌며 연 구분 공간이 있을 때에는 〈 표기를 합니다.

■ 시인의 말

청소년 시절부터 시를 찾아 읽기 시작하다가
첫 작품을 발표한 지 40년이 지났고,
그러다가 첫 시집을 내고 본격적으로
작품 활동을 시작한 지 벌써 30년이 되었다.

참으로 파란만장한 길을 시와 함께 걸어왔지만
그 걸음은 여전히 더디기만 하다.
많이 낡았기 때문인 것도 같고
많이 무뎌진 때문인 것 같기도 하다.
누가 읽을까 싶기도 하지만
누군가는 읽는다는 위안의 말씀에 기대보기로 한다.

- 2024년 어느 봄날에, 김광기

■ 차 례

풍경

나무꽃 – 17
소금쟁이의 바다 – 18
바퀴 – 20
남아있는 힘으로 끝까지 – 21
꽃차를 마시다 – 22
커피와 고갱과 나 – 24
풍경을 도둑맞다 – 26
프시케, 날갯짓 – 28
곡선의 힘, 흔적 – 30
에피스테메, 텍스트 미학 – 31
붉은 입술 – 32
꽃이 지는 시간에 – 34
바닷새 풍경 – 36
풀잎, 그 후 – 38
벌레들의 울음소리 – 40
애기동백 – 42
공즉시색(空卽是色) – 43
귀거래문사(歸去來蚊辭) – 44
빛살무늬 풍경 – 46
공원, 인적이 드문 – 47
옆 동네 사는 사람 – 48

참을 수 있는 존재의 가벼움 – 50
다시 껍질에 대하여 – 52
연꽃, 환생 – 53
모든 풍경에는 바람이 있다 – 54
하나의 상징뿐일지라도 – 56
그림자 풍경 – 58
나뭇잎 떨어지고 – 59
해녀와 어부, 바람 바다에 살다 – 60
낙하 – 62
누드 크로키, 드로잉 – 64
연꽃 – 65
동행하고 있는 줄 알았다 – 66
아가페 김종분傳 – 68
아우라 – 70
그녀의 바깥 – 72
노인과 바다 – 74
그의 과거형 – 76
맹지(盲地) – 77
가리왕산 – 78
호박(琥珀) – 79
흙의 삶 – 80
사제의 죽음 – 82
쉰 살 엘레지 – 84

비문(飛蚊) − 86
별, 그리움 − 88
표류 − 89
물 − 90
길 − 92
도깨비 바람, 일출봉 − 94
도깨비 바람, 광치기 − 96
도깨비 바람, 태풍 − 98
도깨비 바람, 신화 − 100
도깨비 바람, 동백 − 102
일출봉 − 104

■ **해설** | 박현솔(시인, 문학박사) − 105

풍경

나무꽃

푸르른 녹음이 짙은 한여름에도
나무는 뜨거운 공간에
고사리 같은 손까지 내밀며 악수를 청한다.
허공을 움켜쥐는 듯한
새순 다발을 꽃처럼 휘날리며
나무는 씨앗을 날리고 있는 듯하다.
그리 멀지 않은 시기에 가을이 오고
모든 이파리 몸을 떨구겠지만
나무는 마지막까지
허공을 쥐었던 아귀의 힘을 기억하며
내년 봄에는 버젓한
어른 손이 될 새순을 들이밀 것이다.
흔들리는 바람을 타며
다시 악수를 청하며
푸르른 녹음의 나뭇잎이 흔들리고 있다.
흔들리는 나뭇잎 사이사이
고사리꽃 같은 새순이 돋아나고 있다.

소금쟁이의 바다

지금, 여기까지는 가능했을 것이다.
여름과 겨울이 서로 섞일 수 없듯이
접점에 있는 시간이 그 경계를 사뿐히 스쳐갈 뿐,
하늘을 나는 새들의 날갯짓이나
사념 없는 몸을 길게 누이고 바람 따라
흔들거리고 있는 새털구름 같은 것,
어정쩡하게 하늘에 다리를 꽂고서
어디로 입수해야 할지 몰라 머뭇거리는 잠수부,
저 깊은 속을 온전히 믿어야
바다는 제 품을 투명하게 비춰줄 것이지만
색색의 산호와 조개들이 입을 열고
해초와 불가사리마저
자신들의 세상을 보여줄 것이지만
공간과 시간조차 분별하지 못한 생애는
비극적으로 놀라운 연민을 낳기도 하거니와
심해의 컴컴한 어둠만을 두 눈에 담고
온 생애를 추종하며 두려워하고만 있는데
물속에 발을 담그고 있는 소금쟁이,

헛발을 디디고 헛꿈을 꾸고 있었는지는 몰라도
분명, 여기까지는 가능했을 것이다.
시공간이 혼합되는 가끔씩은
짙은 빛깔이 물들어 있기도 하겠다.

바퀴

질기고 질긴 역동성에 숨이 차 있다.
한여름 뜨거운 목숨, 질겨 보이는 타이어가
아무렇지도 않게 길가에 자빠져 있지만
바퀴는 죽어있어야 바퀴다.
혼자 굴러가는 것이 어디에 있는가.
함께 혼을 살라 비로소 둥근 생명을 굴리지만
저것이 움직일 때 바퀴는 바퀴가 아니다.
제 몸이 빠져 있어야 바퀴는 바퀴가 된다.
돈도 둥글고 세상사도 둥글고
둥글둥글 굴리는 바퀴
바퀴들의 세상, 굴러가야 바퀴가 되는 것처럼
질긴 목숨 다하여 세상을 굴린다.
바퀴를 잊을 수는 있지만
욕망을 싣고 달리는 바퀴를 없앨 수는 없다.
그럼에도 불구하고
바퀴는 지쳐서, 죽어있어야 바퀴이다.

남아있는 힘으로 끝까지

추수를 끝낸 벼 밑동에서 파랗게 올라오는
싹들을 보며
언젠가 무 윗동을 접시에 담아놓았더니

책장 턱에서 푸르고 성하게 싹을 밀어 올리다가
꽃까지 피워내는 생명력을 보고 놀랐던
기억을 떠올린다.

생명이 남아있는 것들, 계절에 따르지 않고
적당한 선에서 타협하지도 않고
남아있는 힘으로 끝까지 싹을 틔우고 있다.

시리게 쓸쓸해지는 가을,
가지는 시들어가고
잎들은 누렇게 물들고 있는데

스산한 담장 가에서 빨갛게 꽃을 피우고 있는 장미들
아직 꽃 피울 여력을 보이며
낙엽이 지고 있는 거리를 밝히고 있다.

꽃차를 마시다

꽃의 절정을 꺾어 말리고 덖고 우려
입이 데일까 싶어 입안이 뜨거울까 싶어
혹시는 꽃의 화기에 몸이 데지는 않을까 싶어
후후 불면서 차를 마신다.
꽃차를 마시는 것이 아니라
당신과 함께 있는 시간을 마시고 있다.
가끔씩 꽃차의 효능에 대해 듣고 있을 때는
채 발화하지 못한 일그러진 꽃의 형상을 보기도 한다.
하지만 형상 너머의 것을 보는 듯
더 아름답게 환생한 꽃을 내어놓듯
제 몸을 우려 내어준 꽃에 경배하듯
이렇게 귀한 시간에
그렇게 구하기 어렵다는 차를 대접하며
당신은 누누이 꽃차에 대해 말하고 있다.
나는 지금 당신의 환한 모습이 꽃차보다
그 이전의 꽃보다 더 아름다울 것 같다고 생각한다.
여전히 나는 따라주는 대로 얼른 꽃차를 비우지만
당신은 고상하고 품위 있게 차를 마시고 있다.

꽃차의 의미보다 솔솔 피우는 꽃차향보다
차를 마시고 있는 그 모습에 취한다.
꽃을 거두면서 꽃잎을 말리고 덖고
오늘 이 시간을 위해 하나하나 담아두면서
무수히 꽃과 마음을 나누었을
당신의 지난 시간은 더 아름다웠을 것이다.
그리고 지금 어떤 꽃의 소멸은
이 시간의 기슭에서 만난
우리 만남을 더 삶답게 우려내고 있다.

커피와 고갱과 나

때 절은 소매가 푸른 나뭇잎을 스치며
태양 빛깔의 검붉은 열매를 따낸다.
쌉싸름한 아침 커피의 떫은 향내에서
이국소녀의 달착지근한 입내가 배어 나온다.
붉은 미소 속에서 옹알거리던 씨알을
뜨건 화로에서 볶아낸 듯하다.
그래서 그런지 한여름에도 커피는
뜨겁게 마셔야 제맛을 음미할 수가 있다.
몽상에 젖은 아침의 향기가 코끝을 스치다가
입안을 채우다가 옹알이처럼 구르고 있다.
오래전에 마셨던 다방커피도 그렇고
소소한 기억들을 재생시키고 소멸시키는
요즘의 아메리카노,
마시고 또 마셔도 욕망의 불기운을
다 삼킬 수는 없지만
고갱의 태양 빛 그림 속 열정이 다시 살아나는
한순간 한순간을 펼쳐놓으며, 우리는
좋은 시간마다 만나 뜨거운 커피를 마신다.

오래 만난 것 같은 사람, 맑은 영혼을 가진
당신의 웃음에서 커피 향이 나고
함께 머문 시간 속에서 세상의 욕심들이 삭는다.
아메리카 신화가 된 이국 소녀의 숨결이
탁자 사이를 오가며 혼을 사르고 있다.

풍경을 도둑맞다

스산해지는 계절에 등불을 켜고
풍경 하나하나를 비춰주던 밀감밭,
돌담길 시간은 멈춰있는 것만 같았는데
소란스런 기운이 잠시 주위를 흔들고 있는가 싶었는데
부지런한 농부들 몇이서
그 고운 크리스마스 같던 등을 모두 거둬가고 말았다.

저 풍경을 매일 나만 보고 있어도
보이는 것 무엇 하나 내 것은 없었다.
나는 다만 저 길 위에 잠시 머문
그림자 같은 흔적이었음을
계절이 풍경처럼 익어가고 마침내는 그 풍경마저
누군가 가져가고 나면 알게 되는 것뿐

황구 한 마리 찬 바람이 불고 있는 골목을 지난다.
꾀죄죄한 몰골 속에 야성을 감추고
오랫동안 이 길을 오갔던 듯 서로 관여할 일도

서로 경계할 일도 없다는 눈빛으로
나그네 같은 이를 흘깃 보고는
배경이 바뀐 풍경 사이를 터덕터덕 지나간다.

프시케, 날갯짓

당신은 나의 혼이었다 하지요.
반짝이는 영혼이 나비처럼 내게로 옵니다.
궂은비 내려 날개가 젖습니다.
프시케, 아픈 나의 사랑이 됩니다.
이 사랑을 그대에게 전하고 싶습니다.
하지만 이 사랑의 무게가
그대에게 짐이 될까 두려워합니다.
비는 또 내리고 있습니다.
온 허공을 다 적시고 있습니다.
당신과 손을 잡고 그 빗속에 있습니다.
비는 슬픔이었다가 아픔이 됩니다.
다시는 비가 슬픔이 되지 않는 그런 날들 속에서
언제나 당신과 함께 하는 사랑이고 싶습니다.
당신과 함께 우산 하나 속에서 포근한
그런 사랑이고 싶습니다.
빗속에서 날아오는 날갯짓의
운명 같은, 그런 우산 하나를 갖고 싶습니다.
비가 내려도 젖지 않는

마음 깊숙이 우산대를 세우고
고운 눈빛 하나하나에 우산살을 붙입니다.
당신의 미소처럼 맑은 천도 덮습니다.
든든한 지붕이 아니어도 괜찮습니다.
이 사랑만 젖지 않았으면 좋겠습니다.
반짝이는 당신의 날갯짓으로
온 세상이 다 아름다워질 것입니다.

곡선의 힘, 흔적

곧게 가고 싶은 충동과
진행하고자 하는 궁극적 의지가
부딪치고 굴절되어 휘어지던 것
그럼에도 멈추지 않고
앞으로 나아갔기에 버티는 힘이라도 되었던 것
다시 잇지 않으면 안 되는 곡절을
잇고 또 잇고,
스스로 선이 된 것이 아니라
너덜너덜 휘어진 길을 만지고 쓰다듬다가
그나마 펴기도 하고
접을 수 있는 힘이 생겼던 것
그냥 두는 것이 차라리
지난 흔적 같은 의미라도 된다는 것을,
누구도 쉽게는 흉내 낼 수 없는
궤적이 유연하다 하고
부드럽기도 하다면서
살아낸 만큼의 길이를
너와 잇고 싶었던 것이다.

에피스테메, 텍스트 미학

숨구멍을 열고 오밀조밀 몰려있는 개미집 같고
곧은 씨알들이 촘촘히 박힌 해바라기 같기도 하지만
선험의 숨결이 응축된 기표와 기의의 횡단들,
무수한 기운들이 스멀스멀 피어나 세상으로 퍼진다.
소리로 키워내는 순간 의미는 분해되는 듯하지만
가슴에 다시 고여서 탄력을 갖는 패러다임,
읽을 때마다 의미는 달라진다. 뜻은 그대로이더라도
좌표는 달라진다. 삶의 경륜으로 읽히는 텍스트,
벽에 꽂힌 무수한 텍스트들,
갖가지의 무늬로 아침을 밝히고
때로는 깨알처럼 때로는 고딕폰트 문양 같은 높이로
시작을 알린다. 다시 텍스트만 있는 것 같다.
이제는 횡렬에 따르지 않고 아래를 내려 밟는다.
그렇게 오르려고만 했던 계단을 내려가기만 할 때
중심을 지탱하던 관절의 삐걱거림을 느끼며
노쇠한 무릎 때문에 올라가는 것보다 내려가는 것이
더 힘들다던, 어머니를 생각한다. 지나온 삶이 아니면
도저히 따라 읽을 수 없는 시간에 한 걸음씩 내려가는
텍스트 계단, 무수히 밟히는 시니피앙 시니피에들.

붉은 입술

횟집 앞을 지나다가
붉은 입술의 생선을 보고 발을 멈췄다.
주둥이로 유리 벽을 치다가
나를 빤히 보고 있는
방어의 눈이 바다를 닮았다.
날렵하게 뻗은 꼬리지느러미를 휘두르며
창해를 누볐을 고기 한 마리,
좁은 수족관에서 유리 벽에 부딪쳐
통통 부은 빨간 입술 내밀고
바깥세상을 바라보고 있다.
벽을 느끼지 못하는 애달프고도 슬픈 유혹,
언젠가 보았던 유리 벽 속에 진열된
붉은 입술의 기원 같은 풍경이 비친다.
바다도 하늘도 유리 벽 같은 세상,
섬으로 귀양 온 것 같다고 했더니
팔자 좋은 휴양이라고 코웃음 치는 뭍사람들처럼
함께 놀아보자 농이라도 하고 싶었으나
뻐끔뻐끔 숨을 피우며 종말을 예고하는

유리 벽이 입조차 막는다.
파도 소리만 새기고 있는 부둣가,
비릿한 길목의 물빛 속으로
노을이 스며들고 있다.

꽃이 지는 시간에

일출봉 동암사에 만발하는 수국들, 수십 수백의
봉오리들이 한 꽃을 이루고 분홍 보라 청 그리고 백색

찬란하게 초여름을 빛내다가 한여름이 들어서자마자
화상을 입고 몸서리치며 일그러지는 소신공양

꽃이 핀다고 꽃 같은 시절만 있었으랴.

영욕의 시간이 지나면 모든 것이 다
피폐해지기는 한다지만
저 모양만큼 극명하게 다른 것이 있을까.

다른 꽃들이 일제히 지고 있는 시간에
구석에서 눈치만 보고 있다가
뒤늦게 피고 있는 꽃도 있다.

꽃들이 만발한 틈 속에서
꽃망울을 수줍게 내밀다가, 그러다 말겠지 싶었는데

〈
화사하게 제 모습을 뽐내고 있는 꽃

늦게 피어서 더 아름다운 것인지
짠하게 있어서 더 매혹적인 것인지
늦둥이 꽃을 보면서는 쉽게 눈을 뗄 수가 없는데

피고 지는 모습을 한 무더기에서
동시에 보이고 있는 꽃들,
절간을 울리는 염불 소리를 듣고 있었던 것이다.

바닷새 풍경

망부석 같은 검은 바위 끝에 앉아
알 수 없는 새 한 마리 바다를 바라보고 있다.
파도 소리만 무성한 해안가, 잠시
쉬어가고 있는 품새인데 꼼짝을 하지 않고
바다를 보다가 고개를 갸웃갸웃
이따금 행인을 살피기도 한다.
마치 제 동네를 지나가는 객을 바라보는 것 같다.
새는 다시 무인도 같은 바위에 앉아만 있다.
저 새와 같이 하염없는 바다를 바라보다가
날개가 있는 새와 덩치만 꽤 있는 인간의
차이에 대해서 생각해 보기도 한다.
지금, 어느 정점에서 교차하고 있는
새 그리고 인간의 행적을 생각하다가
그동안 엮인 흔적들을 바다에 펼쳐 본다.
아주 잠깐 바다에 깔리다가 파도에 휩쓸리고 마는
지난날의 여정이 되새겨지기도 한다.
열정은 식고 욕망이 삭제된 무상조차 씻어내듯

바람이 스산하게 부는 바닷가,
아주 낯설고 전혀 다른 세계를 지나온
새와 함께 이 풍경에 스며들고 있다.

풀잎, 그 후

풀잎들, 굳이 눕지 않아도 몸이 낮아서

거센 바람도 그렇게 크게는
저들의 세상을 흔들지는 못하는 것 같았다.

그것이 기특하고 참하기도 하여
오며 가며 푸른 세상 흩날리는 것을 보고 있었는데

아직 여름도 한창인데
누렇게 변하고 있는 물결들,

아무리 잡초들이라 해도 늦가을까지는 갈 줄 알았다.
화무십일홍이라 해도 말이 그런 것이지,

이웃끼리 잠깐이라도 사는 이야기라도 하며
교감할 시간이 조금은 있는 줄 알았다.
〈

성해지는가 싶더니 일제히
생의 공간을 지우고 있는 갈색의 무늬들,

제 몸의 흔적마저 지우고 있었다.

벌레들의 울음소리

한여름 밤 창을 열면
벌레 소리 창연하게 들려온다.

도대체 몇 마리
몇 생들이 저렇게
종족을 뛰어넘는 울음들을 섞어놓고 있는 것인가.

오만가지로 섞여서 묻는 소리,
너는 또 누구냐는 듯하여
너희들의 울음을 듣고 있는 사람이라 하니

뭔 이상한 소리 하나를
또 듣고 있다는 듯
왁자지껄한 소리, 소리들 한다.

고즈넉한 숲속 같은 풍경 속에서
우리만 쓸쓸히 살고 있는 줄 알았는데
〈

도대체 몇 생,
몇 종족의 생물들이 서로를 경계하며
함께 지내고 있었던 것인가.

애기동백

당신의 꽃 동백, 광치기의
그 길목에서 더 곱디고운 꽃
아프고 아린 전설이 있었어라.
동백은 애기동백을 낳고
애기동백은 너를 낳았어라.
붉은 가슴속 아리고 아린 꽃술
서늘한 바람이 지나면
목을 끊어 추락하는 슬픈 낙화,
아비의 한을 수놓으며
꽃잎 분분히 날리는 제의의 몸짓,
춤추는 소맷귀에 바람이 머물러라.
찬바람에도 살랑여라.
애기 웃음처럼 살랑여라.
싱그러운 바람 속, 붉은 웃음
내일도 모레도
다시는 잊지 않겠다는 약속,
땅을 건너고 바다를 넘어서
저 세상 끝까지 흘러가라.

공즉시색(空卽是色)

이 세상의 모든 것은 내가 뜻하는 바대로
이룰 수 있고, 그렇게 이루어져 있고
당신은 내 안에서 아무 말 없이 웃고 있지만
내가 말하는 바대로 움직이고 있고
그렇게 내 곁에서 언제나 함께 있고
색즉시공(色卽是空), 눈을 뜨면 마치 꿈이었던 것처럼
당신은 어디론가 사라져버리고 없지만
내가 사는 숨결을 따라 이 세계 속에서
당신은 언제나 나에게 속삭이곤 하지요.
공즉시색(空卽是色) 색즉시공(色卽是空)
만물의 본성인 공(空)이 연속적인 인연(因緣)에 따라
다양한 만물로서 존재한다는 것과
현실의 물질적 존재는 모두 인연에 따라 만들어진 것으로
불변하는 고유의 존재성이 없음을 이르는 말이
서로 다른 말이 아니라는 것, 어느 날
허공을 보며 중얼거리다가 혹은 하염없이
생각을 움직이다가, 혹은 당신을 떠올리다가.

귀거래문사(歸去來蚊辭)

시골에서 살다보면 온갖 벌레가 다 성가시게 하고
더러는 같이 자다가 깔려죽는 놈들도 있고
사람 냄새가 좋아서 그런 것인가 싶기도 하지만
그렇게 싫다는데도 바득바득 대드는 것을 보면
분명 그런 것만은 아닌 것 같은데
그중에서도 제일 성가시게 하는 놈은
단연 모기 같은 놈이 으뜸일 것인데
언뜻 보면 제비처럼 잘 빠졌다 싶다가도
몇 번 당하고 보면 그렇게 얄밉게 생기기도 어려운 것 같고
분명 몇 놈이 달려들어 피를 빨아 먹은 것이 분명한데
주위에 있는 놈을 잡고 보면 피 먹은 흔적이 없고
처먹은 놈은 포만감으로 구석에서 자고 있는 동안에
괜히 주위를 얼쩡거리던 놈이 맞아죽은 것도 같고
가끔은 먹은 놈이 맞아죽기도 하지만 대체로
처먹은 놈, 맞아죽는 놈 따로따로인 것이
어쩌면 참 이상한 상황이기는 한데,
벌레들하고 같이 살 생각이 없으면 못 산다고
잘 지내보라고들 하는데, 다른 건 그렇다 치더라도

피까지 바치고 살아야 하는 상황이 좀 그렇고
몇 번쯤 못마땅한 혈세를 바치고는 살아봤지만
한 번 바치면 그것으로 끝나는 것도 아니고
지겹게 가렵고 상처까지 남는 공양살이를 어찌할꼬.

빛살무늬 풍경

스무 해 전의 산이 보이고
두어 겹은 더 겹쳐진
아득했던 시절의 망망대해 보인다.
거센 산줄기는 그렇다 치더라도
짙푸른 바다 앞에서 이제는
수평적으로 흐르기를 기대하지만
냉랭한 반응 속으로 모든 경치들이 삭아 들어간다.
기류는 언제나 수직적이지만
그래도 빛은 내리쬐고, 바람은 분다.
세월이 더 쌓이다 보면 오랜 기운을 받아서
언젠가는 다 풀릴 수 있을 것이다.
생각들 틈으로 들어오는 풍경들,
애초에 그랬던 것처럼 돌고 도는 듯도 하니
주섬주섬 모아다가 머리맡에 두고
이번에도 다시 길만 보고 가자.
풍경 속에 비친 세월의 두께가 보인다.
한 쪽 끝을 꼭 잡아 넘기면
겹과 겹 사이에 펼쳐지는 세상,
지금도 보이는 게 다는 아닐 것이다.

공원, 인적이 드문

한가로운 공원에서 비둘기 몇 마리 솟아오른다.
파닥이는 날갯짓에서 부서진 햇살들이 쏟아진다.
갑자기 튀어 오르는 비둘기들의 아우성,
뭐야– 뭐야– 어디 가는 건데, 정적을 깨는 흩어짐.

다만 누군가 하릴없이 하늘로 뛰어올랐을 뿐,
햇빛에 늘어지는 오후가 나른해서
기지개 켜듯 날아오르는 무질서,
우리 삶에, 우리의 나른한 오후에 무슨 이유가 있겠어.
날아오르고 뛰어내리고, 어떤 때는 그냥
어슬렁거려보기도 하고,
먹을 게 어디 없나 까딱까딱 찾아도 보고…….

생의 긴 여정을 힘겹게 지나온 듯한 노인,
먼 허공에 눈을 두고 말없이 앉아 있다.
공원 가장자리에서는 중년 아낙이
운동기계를 돌리며 허리운동을 하고 있다.
비둘기 몇 마리 다시 날아오르기도 하고
저쪽에서 또 한 무리의 새들 내려앉기도 하고…….

옆 동네 사는 사람

옆 동네에 김영갑이라는 사진가가 살고 있습니다.
소문을 듣고 찾아가 보았더니 고향 사람이었습니다.
나이가 나보다 두어 살밖에 많지 않은데,
사람은 가고 작품만 남아
손님들을 맞이하고 있었습니다.
나는 지금도 젊다 하며 살고 있는데
세상을 떠난 지 십여 년은 더 지난 것 같았습니다.
동네에서 좋은 터를 내줘 보기 좋은 작품 수십여 편이
그의 정신과 그의 삶을 오롯이 비추고 있었습니다.
아무리 오래 산다고 해도 찾아볼 것 하나 없는
생애를 보내면 어쩌나 하는 두려움이 큰 하루를
보내고 돌아왔습니다. 한라산 지류에서
제주도 오름 사진 몇 장을 찍기 위해
십몇 년의 빛을 찾아다녔을 그를 생각하면서
난 어떻게 살아야 할지를 참 많이도
생각한 하루였습니다.
겉으로 드러난 아름다움이 아니라 제주의 질긴
생명력, 그걸 표현하고 싶다던 '두모악'의 상징을,

움직이기 힘든 루게릭 몸으로 단장을 해 놓았는데
그가 마치 또 하나의 큰 오름이 되어 있는 듯
'김영갑' 이름 석 자가 더 선명하게 부각되고 있습니다.
영혼이 담긴 그의 작품들이 저녁놀보다 더 붉습니다.

참을 수 있는 존재의 가벼움

조나단, 멀리 날기 위해 더 높이 날기 위해
무던히도 애를 쓰던 모습이 떠오른다.
상처투성이의 의지 끝에 높이 높게 날기도 하고
이상을 향해 멀리멀리 날아보기도 하지만
날마다 지나는 여기 바닷가에서는
너처럼 높이 날려는 갈매기들을 보지 못한다.
바닥에서 가깝게 나는 것이
먹이를 채기에는 십상이란 것을 알고 있기 때문이다.
만유인력을 견디려면 점점 더 가벼워져야 한다.
참을 수 있어야 하는 존재의 가벼움 속에서
비로소 삶의 유지가 가능해진다는 것을
바다에 사는 갈매기들은 다 알고 있는 거다.
물기 젖은 삶이 너풀너풀해지고
통통했던 삶이 바짝바짝 말라
두 눈의 초점이 퀭하게 허공에 떠 있을 때
그때에는 바다와 이별해야 한다는 것도 알고 있다.
이별의 고통이 한 번뿐이라면 얼마나 좋으랴.
날이면 날마다 이별을 준비하며

사물도 버리고 욕심도 버리고 존재 의미까지
하나하나 버리는 진통을 겪다 보면
조금씩 더 가벼워질 수밖에 없단다, 조나단.

다시 껍질에 대하여

껍데기는 껍데기만이 아니다.
본질의 무엇인가가 거기에 배어 있다.
그것들이 켜켜이 쌓이고 쌓여
비로소 껍데기가 된 것이다.
그리하여 껍데기를 껍데기라 하지 않고
본질을 담고 있는 껍질이라 한다.
겁은 삶의 어려운 지경이라 하고
억겁은 무한한 그 연속적 세계라 한다.
그렇듯 겁의 껍은 그 두께를 말하며
껍데기는 그 껍질을 말한다.
다시 껍질을 앞에 두고 자화상을
그리고 있는 이 시간, 진정
아무것도 볼 수 없는 막막함 속에서
세상을 비추고 있던 눈동자만
들여다보고 있어야 하는 것인가.

연꽃, 환생

밤하늘의 별빛 같았던 사람,
꽃이 되어 있었다.

저 구름 속 꼭꼭 숨은 별들처럼

고난의 진흙 속 잉태,

애틋한 심연에서만 만날 수 있다.

장벽 너머, 깊은 어둠 속에서
환생하는 고운 빛깔들이

문득 문득 가슴속에 박힌다.

모든 풍경에는 바람이 있다

바람이 분다. 낮이나 밤이나 부는 바람,
바람 속에는 풍경이 있고, 풍경이라는 말에는
바람의 별, 바람의 그림자가 숨어 있다.
바람 곁에도 있고 그 뒤에도 있는
가십거리로 전달되며 알코올 중독자로 찍힌
그 형한테서 전화가 왔다.
나, 요양원에 들어가야 할 것 같아.
마누라가 좀 들어가 있어 달래.
근데 어쩌면 좋으니, 앞으로 남은 시간을
어찌 보내야 할지 모르겠다.
뇌경색 네 번이면 다들 죽는다는데
다섯 번을 맞고도 나는 아직 살아 있다.
눈도 잘 보이지 않고 걷지도 못하고
왜 죽지는 않는지, 사는 것이 두렵기만 하다.
그의 어눌한 말투를 들으며
그래도 사는 것에 적응할 수밖에
없지 않느냐고, 우물쭈물 전화를 끊는다.
시를 쓰기 위해 먹기 시작했다는

술이 그를 먹어치우고 있는 중이다.
통화 중의 식사는 결국 없히고 말았다.
언젠가는 나를 먹어치울 어류의 조상쯤 되는
비린내가 오늘따라 더욱 진동한다.
바람이 분다. 낮이나 밤이나 부는 바람,
바람 속에는 풍경이 있고, 풍경이라는 말에는
바람의 볕, 바람의 그림자가 숨어 있다.

하나의 상징뿐일지라도

믿음 이후는
아무것도 불신하지 않는 것이고

그 나라가 임하시며
그의 뜻이 이곳에서도 이뤄지게 하는

그것이 하나의 상징에 불과하더라도

다만 하나의
환상 속에 비치는 빛깔뿐이었을지라도

일용할 양식으로 오늘 하루를 보낸 경건함만으로
정중하게 머리를 조아리는

우리가 우리의 죄를 사하는 것과 같이
우리의 죄를 용서하고
모든 악에서 구하는
〈

당신은 그곳에 계시는지…,
아직 나는 이곳에 있지 않습니다.

노을빛만 꿈처럼 흐르고 있습니다.

그림자 풍경

누군가의 발자국처럼
슬며시 왔다가 슬며시 지나가는
흔적들을 달고 다닌다.

어디 우리뿐이랴,
네발 달린 들짐승들과 두발 달린
날짐승들까지
땅을 훑어가며, 누군가의 행위처럼
자리를 메꾸는 자국들,

어지러운 풍경 가장자리로
기차는 지나가고.

나뭇잎 떨어지고

빗물을 받아먹던 혓바닥,

햇살을 받아내는 손바닥이었다가

살랑살랑 바람 타는 봄날

이었다가, 시간이 되면

제 목을 끊어 추락하는 현악의 숨,

흙가슴에 무늬지는 물, 결

나뭇잎 떨어지고 계절이 가고

뿌리가 깊던 나무도 가고

무한 숨, 결처럼 반복되는 세월이 가고

영원하리라 믿고 있던 저 하늘도

언젠가는 나뭇잎처럼 떨어지고.

해녀와 어부, 바람 바다에 살다

1. 해녀 홍희순 님의 바람

생선 살을 바르듯 무를 썰어 말리며
바람의 방향을 짚는다.
하, 오늘도 북서풍 된바람에 물살이 거세겠어.
서둘러 물길을 타듯 하늘로 치솟으려는 듯
물살을 휘어잡으려는 분주한 몸짓,
몸을 지탱할 수 없는 기류 때문에
숨을 몰아쉬고 있지만
달라진 온도 때문에 중심이 잘 잡히지 않는다.
평생을 바닷물에 맞춰온 체온 때문에
화닥화닥하기만 하다.
된바람이 몸을 식혀주고 있지만
그녀는 늘 바다가 걱정이다.
할망은 오늘도 테왁을 구름 위에 띄워놓고
바람의 무사귀환을 기도한다.

2. 어부 박영숙 님의 바다

출렁이는 바닥을 흔들흔들 거닐고 있다.
온 생의 물결을 타며 바다를 걸어온
발자국들이 뜨락에 가지런하다.
일출봉을 바라보면서 자란 소년은
그 등성이에서 바다로 나서며 평생을 일궜다.
4·3의 난리를 겪던 그 시절에는 대마도로 부산으로
바닷길을 전전하다가 돌아오기도 했지만
바다를 떠나 다른 삶을 꿈꾸지 못했다.
큰딸은 아방의 곁에서 시인을 꿈꾸었지만
설마하니 시인이 될 줄은, 딸들이 석박사가 될 줄은
꿈도 꾸지 못했다. 바람을 타며 고기를 잡았고
어한기 바닷가 농토를 일구는 데 힘을 다할 뿐이었다.
자신도 모르는 사이에 등대가 되어 있을 뿐이었다.
망망대해에 불빛을 쏘고 있는 세월 속에서
그의 발자국은 무심히 찍히고 있었다.
센 물살에 하염없는 세월이 지워지고 있었지만
그 불빛은 여전히 바다를 비추고 있었다.
노쇠한 몸으로 바닷가를 거닐며 오늘도
기도의 눈빛으로 먼바다를 보고 있다.

낙하

빗방울이 떨어진다.

풍경 속, 슬로비디오처럼
빗방울 떨어지는 속도를 그린다.

낙하라는 말은
'되었다'라는 말로 끝맺음되기 전까지
끝없이 떨어지고 있는 것이다.

아래로, 아래로, 아래로……

낙하를 멈추는 것은 내 손끝에 달렸다.
지면 위에 앉히는
바닥에 떨어뜨리는
내 삶의 의지에 달렸다.

보들레르의 조응을 모르지 않지만
땅이 받치고 있는

하늘의 의미를 생각지 않는 것은 아니지만

나는 여전히
낙하 중이라는 것이다.

누드 크로키, 드로잉

둥근 바닥, 모델은 몇 분 간격으로

다른 조각 같은 자세를 취하며

빈 공간을 다시 메우고 있다.

가끔씩 공간에 박힌 여자의 삶이 보이기도 하는

선과 살의 오묘한 교차적 율동이

모든 감각을 마비시키고 있었지만

다시 살아나는 혼을 감지하듯

공허한 시간의 굴곡을 타며

산이 되고 강이 되고 바람이 된다.

연꽃

아리고 아린
첫사랑의 멍울이

해마다
뙤약볕 속에서 터지고 있네,

흘러갈 수도 없고
뿌리박을 수도 없는

기억 같은
꽃, 부풀고 있네.

동행하고 있는 줄 알았다

나의 역사는 열정의 시대만 있고 정체된다는 것은
죽음과 같은 것이라고,

시간이 지나면 세포도 죽고 감각도 무뎌질 줄만
알았던 시절이 엊그제 같습니다만

세월이 깊어질수록 세포는 하나하나
더 살아나고, 삶의 마디마디는 더 촉촉이 젖습니다.

저 앞에 있는 어둠의 장막을
어찌 헤쳐가야 할지 모르겠습니다.

장막이라는 것도 어둠이라는 것도
자의적인 것이었겠지요.
지나온 길 제대로 알고 걷지 못했던 것처럼

앞으로 나아가야 할 길도 어떤지 사실은
전혀 알 수 없습니다만

〈
참으로 옛날 같지 않다는 것은
세월이 조금씩 천천히 흐르면서
알려주는 것을 몸은 먼저 알아듣고서

마치 제 시절처럼 부응하고 있다는 것입니다.

다만 변하지 않는 이 마음속 열정이
그대로 살아있는 채
멈춰지지 않아서 가슴속에

아직 그득히 남아있는 욕심이라도
버려야 할 것 같아서 말입니다.

이 시간을 어찌 보내야 할는지요.
미련이 이렇게 많아서,
이렇게 욕심이 많이 남아있어서…

호연지기(浩然之氣),
혼연일체(渾然一體)는 아니더라도
적어도 내 몸과 혼만큼은 하나인 줄 알았지요.

아가페 김종분傳
– 어머니 곁으로

평생 자식들만 보살피며 살아오신 어머니,
아직도 새벽부터 일어나 온 살림을 다 하려 하십니다.

날이면 날마다 시간을 쪼개 성당에 가서
조상님들을 위해 자식들을 위해 기도하는 어머니,

팔순이 넘은 어머니가 모든 것 아직도 열심히 하셔서
치매가 없다고 자식들은 다행이라 합니다.

엄마 솜씨가 아직도 내 입에 꼭 맞는다 하면서
자식들은 요즘도
맛있는 것을 해달라고 조르기도 합니다.

손목이 시리고 허리가 더 저리다고 하면
어머니의 십팔번쯤으로 자식들은 그냥 넘깁니다.

평생을 일하면서 부지런하게 사신 어머니가
지금 노동을 멈추면

혹여 잘못되지는 않을까 걱정도 합니다.

비르지타 어머니, 기도와 함께하는 시간이
더 소중하지만
자식들은 모르는 척, 핑곗거리만 만들고 있지만

오늘도 변함없는 어머니의 음성을 듣습니다.

밥은 먹었니? 건강해야 해! 마음은 벌써
어머니 곁에서 맛난 음식을 대접하고 있습니다.

아우라
- 요양원에서

아무리 가까워도 아득하게 존재하는

내일은 언제나 절망적이다.
미래가 보이지 않기 때문에 절망적인 것이다.

어떤 때는 보이는 것이 더 절망적이다.

나를 주시하는 퀭한 눈동자,
그의 눈빛은 아무것도 담고 있지 않는 것 같다.

그런데도 무언가를 말하며 망막 속으로
나를 끌어당긴다.
내가 그에게로 다가간다.

하지만 거리 조절이 되지 않는 시선으로
그는 나를 또 저만큼 밀어낸다.

내가 그에게서 멀어질 때

그의 눈이 잠깐 흔들린다.
아우라가 담겨 있다.

그 공간 속에서 여전히 그와 나는
합체되지 못하는 사물로 있다.

* 아우라는 물체에서 발산하는 기운 또는 영기(靈氣)같은 것을 뜻하는 말이었는데, 발터 벤야민이 1936년 〈기술복제시대의 예술 작품〉이라는 논문에서 사용하여 예술개념으로 자리 잡게 되었다. 아우라는 종교의식에서 기원하는 현상으로 "가깝고도 먼 어떤 것의 찰나적인 현상"이라 정의하였다. 또 아우라는 예술 작품의 원본이 지니는 시간과 공간에서의 유일한 현존성이 있어야 한다고 하였다. 독특한 거리감을 지닌 사물에서만 가능한 아우라는 복제품이나 대량생산된 상품에서는 경험될 수 없다 한다.

그녀의 바깥

그녀가 조용히 나를 구석으로 데려간다.
나를 똑바로 쳐다보던
그녀의 눈동자가 잠깐 흔들린다.
그러다가 허리춤에서 주섬주섬
구겨진 종잇조각들을 꺼낸다.
이따가 데리러 올게요. 삼일 뒤에 함께 가요.
삐뚤삐뚤 글씨가 써진 종이를 한 장씩 펴 보이며
아무리 기다려도 아들이 오지 않는다고 한다.
아들 정도 되는 남자가 몇 달에 한 번씩 들르면서
올 때마다 쪽지를 하나씩
손에 쥐여주고 간 모양이다.
노인은 그 쪽지를 들여다보며
맨날 바깥세상 꿈만 꾸다가
이제는 티켓을 나에게 제시하며
밖으로 나가게 해달라고 통사정을 한다.
그녀의 바깥은 위험하다.
누구도 그녀를 반기지 않을뿐더러
그녀가 바깥에서 적응할 능력은 조금도 없다.

시간만 되면 밥도 주고
편안히 쉴 수 있는 공간도 있고
친절한 보호사들의 보살핌까지 받고 있는 노인이
생살로 얼음판에 던져질 것 같은
밖으로만 나가려고 하는지,
그녀가 가고 싶은 곳이 지난 어느 때의 시간이거나
가끔씩 꿈에만 보이는 사람들이
사는 곳은 아닌지,
그런 곳은 이미 바깥세상에는 없지만
그들이 와서 데려갈 수 있도록 해주겠노라고
다시 헛공약을 남발하며
서둘러 노인의 곁을 떠나려 한다.
주위에 있던 사람들이 부러운 시선으로
바라보고 있다.
그런 쪽지 하나조차 없는 노인들.

노인과 바다

망망대해 속 파도를 끌어안고
노인은 불안해하고 있다.
아무래도 안 되겠다며, 오늘은 무슨 일이 있어도
집에 꼭 가봐야겠다는
노인의 심정이 절절해 보인다.
엊저녁 아내가 했던 말을 생각해 보니 신변에
무슨 일이 있는 것이 분명하다며
안절부절못하고 있지만
노인에게 아내는 없다.
부인은 몇 해 전 세상을 떠났고
그를 이곳에 맡긴 외동딸마저도
연락이 되지 않는다.
낮밤은 어제처럼 바뀌고 있지만 거꾸로 살고 있는
노인, 오늘도 의연하게
젊은 시절을 살아내기도 하고
힘든 날들을 견디고 자수성가한
대장부가 되기도 한다.
하지만 아무것도 가진 것이 없는 기초생활수급자,

여전히 다른 꿈을 꾸고 있는 노인들 속에 있다.
환상 속의 바다,
때로는 출렁거리기도 하고 때로는
끝을 알 수 없는 심해의 바닥으로 추락하기도 한다.
날마다 새롭게 변모하는 바다에서
이따금씩 표류하는 노인,
순간순간 가물가물해지는 정신을 바로잡으려 한다.
전쟁의 몸살을 겪으면서도 살아냈던 혈기로
때로는 힘차게 미싱 페달을 밟았던 산업용사로
아내와 교신을 하면서
험난한 항로를 헤쳐나가고 있다.

그의 과거형

그는 아련한 것이 아니다.
오장육부를 흐르다가
온 정신을 관통하는 피가 되어 있다.
살이 돋아 다시 지금에 있다.
가끔은 지난 시절의 내가
그라는 사실조차 잊곤 하였다.
그래서 그렇기 때문에
운이 지지리도 없는
색 바랜 퍼즐을 맞추고 있다고 생각했다.
다 버리지 못하면 떠날 수도 없는 세상,
뼈가 깎이고,
남은 것까지 모두 바짝바짝 말리고 나면
몸 밖에도 길이 생긴다.
아버지, 그는 내 몸에 잠기어
피동형으로 묻혀 있고
능동적인 피에 젖어 있다.

맹지(盲地)

그러고 보니 땅에도 눈이 있었다.

제멋대로 흩어져 있는 줄만 알았더니
누군가 길을 가면 그것이
세상으로 가는 길을 보여주는 눈이 되었다.

가보지 못한 사람은 알 수 없다는 말과
애초에 길은 없었다는 말들이 엇갈리는

허공에 가지를 뻗는 나무도
누군가를 안내하는 방향이 되고

지쳐있는 누군가에게는
잠시라도 쉬어갈 공간을 만든다.

용도를 다하고 떨어지는 나뭇잎처럼
언젠가는 아무짝에도 쓸모없을 이 몸뚱이도

훗날에는 누군가 이름 모를 사람의
작은 길, 작은 눈이라도 되겠다.

가리왕산

갈왕산 골짜기 숲길을 걷는다.

숲속 나무들의 속삭임이 들리고
여인의 살 냄새가 난다.

숨결을 따라
스멀스멀 솟아나는 소생의 음수,

영롱함은 무념의 시간으로 흐른다.

아침이슬보다 더 맑은 물살에
가만히 손을 담가 더듬다.

가슴을 찌르는 서늘한 기운, 심장을 죈다.

차마 더는 범치 못할
순결한 나신을 흠모하는 상처,

길 잃은 인간의 숲 자락을
드문드문 밟는 발자국을 놓다.

호박(琥珀)

단단하게 굳은 영롱함이다.

늘 아프기만 할 것 같던,
 상처보다 더 아렸을 것 같은 무지 무위 무상의 응결이

 석양빛 연민을 품고 있다.

흙의 삶
― 이규황 시인, 20주기에

그때도 여름이었던 것 같소.
너절한 바지 끝단을 말아 올린 종아리,
황토 흙에 절인 누런 고무신이 내 맘을 훑어 내릴 때
그 종아리에 비틀려 있는 물기를 보았소.
쏟아지는 눈빛을 잡고 있느라
그때의 막걸리 맛은 기억이 나지 않는구려.
날카로운 햇살에 잘린 그림자가 눈에 거슬렸는지
허공을 채며 술 사발을 탁탁 털어내었소.
느닷없이 추락하는 젖빛 파편이
타이어에 밟힌 자갈처럼 튀어 오르고 있었소.
그제서야 그 응어리를 보기 시작했다오.
절제된 웃음처럼, 가만히 비우는 막걸리 사발처럼,
차분차분 호시우행으로 풀어낼 줄 알았는데,
고무줄처럼 길게 늘여 사는 이 세상을
그렇게 후다닥 감아 버릴 줄은……
그대를 생각하면 아직도 정신이 멍하고
세월이 수상키만 하구려. 며칠 뒤에 보자며
들뜬 수화기 안부도 묻지 않고 성희에게 건네더니

그것이 마지막 듣는 목소리가 되었소.
언제 또 떠날 거냐고, 늘 인사처럼 듣던 건 나였는데,
춘삼월 봄꿈도 없이 무심히 아스팔트만 밟아온 나는
아무것도 보이지 않는 이승의 언저리에서
아직 귓전에 남아있는 그대의 음성을
여전히 반추만 하고 있다오.

*이규황 : 1961년 평택 서탄 출생. 한남대 국문학과 졸업 후 모교인 오산고 재직. 1985년『한반도 젊은 시인들』로 작품활동 시작, 1987년『삶의 문학』동인, 1990년 경기민족문학협의회 사무국장,『사람과 땅의 문학』동인으로 활동. 전교조 오산, 화성 지회장 역임. 1997년 6월 25일 간경화 악화로 세상을 떠남. 1998년 유고시집『두 몸 강물 되어 하나로 흘러라』를 발간함.

사제의 죽음

연일 전염병으로 몇천 명씩 죽는다는 보도,
이탈리아의 사제 69명도 죽었다는 뉴스를 듣는다.
신의 절대적 보호를 받을 것만 같은 바티칸과
평생을 기도만 하고 살았을 것 같은 사제의 죽음들,
성스러운 그곳에 왜 기적은 없었던 것일까.
그들은 왜 신의 보호조차 받지 못했던 것일까.
의문이 꼬리에 꼬리를 물고 파문에 휩싸이다가
인류를 구원하려 하셨다는 예수의 길에 다다른다.
인간 몸의 세상, 삶과 죽음의 경계가 분명한
이 세상에서 신은 진정 개입할 수 있었겠는가.
그것은 오로지 사람의 몸으로 감당하여야 할 일,
전염병이 만연한 인간의 무리들이 신의 영역으로
들어와서 기도하고 매달릴 때, 신의 이름으로
사람의 몸으로 그들을 감싸 안는 것은
죽음을 자초하는 일, 많은 의료진이 숭고하게
죽음을 불사하고 사람들을 치료하는 일처럼
사제들은 그곳에서 사람의 몸으로 신자들을 위로하고
함께 기도했을 것이다. 아마도 그들은 함께

내가 가닿을 수 없는 영혼 구원에 이르렀을 것이다.
사경을 헤매는 어둠에서 죽음으로 가는 길조차
지금, 적어도 몸을 꼭꼭 숨기고 전염병을
피해 가는 삶보다는 더 나은 삶이었을 것이다.
이쯤의 세월이 되면 죽음 정도야 할 줄 알았는데
징후만 보여도 머리가 쭈뼛 서도록 두려워지는 것은
죽음의 불 곁에 진정 가까이 있기 때문인가.

쉰 살 엘레지

뱀의 혀 같은 청춘이 오고 있었다.
시간은 뒷걸음질만 치고 있을 뿐이다.
모든 유혹이 다시 시작되었다.
몸과 마음의 괴리, 현실과 이상의 괴리,
붉게 물든 청춘은 온통 길항의식으로 점철되고 있다.
괴테를 읽던 스무 살부터
여전히 청춘의 시대는 스스로를 알지 못한다.
이 정도에서 감지되는 것을
또 믿고 살아야 할지는 의문이다.
오십을 유혹하던 시간에
나보다 먼저 어른이 된 친구들이
청춘의 고지를 지나고 있다.
거저 되는 지천명은 없다.
인내하는 것, 청춘은 비극적인 눈물처럼
때때로 연민과 섞이기도 하지만
대개는 눈물을 혐오하기 때문에
또 대부분 적이 되는 것이 동질인 것을 보면
같은 부류의 것, 섞인다는 것들이

서로를 배격하는 요소가 되고,
응고된 자신을 녹이는 눈물 몇 방울만
내밀하게 피하조직을 흘러
때로는 답답한 가슴도 뚫고
이따금씩 탄탄한 벽을 터트리기도 하겠지만
살면 살수록 모호해지는 삶, 더 이상
슬픔도 절반 같은 오십이어서는 안 된다.
비극적인 삶일지라도 온으로 꽉
찬 열정이면 더 황홀하지 않겠는가.

비문(飛蚊)

편집 마무리에 시달리고 원고 마감에 쫓기던 날,
통통한 모기 한 마리가 눈 안으로 들어왔다.
오른쪽을 보면 오른쪽으로 날고
왼쪽을 보면 왼쪽으로 날고 있다.
성가시게 쉼도 없이 날고 있는 모기,
내 안의 고운 풍경을 다 흩뜨리고 있다.
이쁜 사람을 눈에 넣고 산다는 소리는 들어봤지만
혐오하던 곤충을 눈에 넣고 살게 될 줄이야.
모기뿐만 아니라 구름과 바람 풍경도 보인다.
때로는 파리, 때로는 왕벌로도 변하는
그림자 연극이 끊임없이 펼쳐지고 있다.
어떻게 해 볼 요량으로 검사를 해보니
우주처럼 보이는 눈동자 여기저기에
초승달과 구름처럼 떠 있는 형상들이 있다.
낮이나 밤이나 지지 않는 초승달이
고속 날개를 달고 활공하고 있다.
함께 살지 않으면 이제 살 수 없는 삶이라 한다.

눈을 감고 생각하다가 다시 눈을 떠보니
눈 안에 모두 들어와 있는 세상,
그곳에 환한 모습으로 함께 있는 당신도 보인다.

별, 그리움

저 별 속에는 수많은 우리의 그리움이 박혀 있어요.
미처 말하지 못한 이야기가 별이 되어 있어요.

우리의 만남 속에 있었던 별빛처럼 우리 이별의 징표로 새겨져 있어요.

팔순이 저만치 지난 어머니가 방언으로 기도를 드리고 있습니다.

평생 기도문을 외우며 기도를 하다가
어느 날 자신도 모르는 사이 방언이 터진 것이겠지요.

얼마나 많은 삶의 구원을 바라는 마음이 있었을까요.
얼마나 크고 많은 간절함이 배어 있었을까요.

터트리지 못하고 가늠만 하고 있는 눈에 비치는 것은 별빛뿐입니다.

저 하늘의 별처럼 우우,
오오, 저 하늘의 저 수많은 별 같은 그리움뿐입니다.

표류

완벽한 기운이 지배하고 있는 지금 이곳,

잘 짜인 것이 아니면 해체될 수밖에 없다.
형식과 내용, 구성과 의미를 엮다가 부딪친 흐름,
어쩌면 너무도 자연스럽게 속박해왔던 힘,
중력과도 같은 지금의 공간 속에서
기대하던 세상은 분해될 수밖에 없다.
시간이 흐르고 때가 되면
끝내는 견디지 못하고 스스로 해체되고 만다.
조화롭다는 것은 이상적 결말이 아니라
가장 기본적인 틀로 움직이는 출발에 불과하다.
일상이 그렇게 운행되고
그 속에서 밀도를 조절하고 시간을 넘나드는 것,
방향을 잡고 다시 길을 짚어보면서

불안한 짐을 짊어진 그가 건너가고 있다.

물

모든 물들이 바다를 연모하지만
모두 바다로 갈 수 있는 것은 아니다.
그 넓은 바다에 그렇게 소망했던, 드디어는
한 몸의 물을 보태고 나면 어떤 의미가 되는 것인가.
바다로 가지 못하고
더러는 남아서 허공 중에 있기도 하고
더 운이 없는 것은 곤두박질쳐서
캄캄한 지하에 갇히기도 하지만
끝내는 길어 올려져 누군가의 생명수가 되기도 하고
또 누군가의 피가 되어 생명을 이끌기도 하나니
물이라고 꼭 바다로 가서
소금물이 되어야 하는 것은 아니다.

물의 세상에서 누구를 위한
무엇을 위한 자양이 되고 물결이 되고,
다시 증발해서 수분이라는 명제를 안고
떠돌게 되더라도,
누군가의 몸이 되고 누군가의 삶이 되는

숨결의 의미만으로는 성에 차지 않는 것인가.
바다로 가든 바다로 가는 도중 증발해서
이 공간을 떠돌든 더러는 깊이 잠기게 되든
물은 영원히 물의 존재 의미로 남는 것,
물이 의미 없이 마르거나 소멸하지 않는 것처럼
우리는 떠나도 우리가 있던 이 자리에
더 소중한 의미로 남는 것이다.

길

저 골목길 끝에는 우리의 보금자리가 있고

우리가 함께 가는 큰길 끝에는
서로를 보듬을 수 있는 아늑한 삶터가 있다.

가끔은 버겁고 힘겨운 길을 걸으며
이 길은 나의 길이 아닌
누군가의 길이기를 바라기도 하지만

날이면 날마다 되풀이되는 길, 잘 풀리지도 않는

그 길은 우리의 길이었고
너와 내가 언제든 다시 또 가야 할 길이다.

지금, 좁고 험난한 길을 걷고 있다고 해도
힘들어하거나 고단해하지 말자.

길은 길 대로 펼쳐져 있을 뿐이고

〈
오늘 지나는 이 길은 다시 누군가의 길이 되고
힘겨웠던 숨들은 새 삶을 여는 기운이 되리라.

도깨비 바람, 일출봉

눈보라가 내리치고 있었다. 일출봉
기슭을 치는 바람으로 일어서기도 하고
위에서 다시 바닥을 치듯 꽂히기도 하는
눈보라의 휘날림, 모든 차례에는
기다림과 마주침이 있을 법한데
순서도 없고 시차도 없이 휘몰아친다.
따듯한 지방, 남쪽인 줄로만 알았었는데
이렇게 거세게 몰아치고 있다니,
해 뜨는 풍광이나 좀 보겠다고 올라선 비탈인데
호되게 매선 바람을 겪으며 보니
눈이 내리는 것이 아니라 휘몰아치는 것이었다.
이쪽저쪽이고 없다. 우당탕탕 몰아치는 바람,
일출봉은 오를 생각도 못하고
혼쭐만 나서 돌아온다.
바람은 안에서도 불고 있었다.
문틈으로 사정없이 들어차는 바람에
창문이 덜컹거린다. 바닥은 냉골이다.
팔순이 한참 지난 두 노인은 두터운 파커를 입고

바람을 견디는 중이었다. 손님에게
안방을 내주고 건넛방에서 바람과 맞서고 있다.
바닥에서는 전기장판이 철철 끓고 있다.
엉덩이가 뜨거울 정도인데 입김이 나고 있다.
성산 일출봉의 겨우살이는 그렇게 시작되고
긴 세월 동안 그렇게 반복되고 있었다.
우리는 자리를 잡고 바람을 막기 시작했다.
창틀을 고치고 문틈을 메우고 문을 닫아걸었다.
오랫동안 돌지 않았던 보일러도 돌리기 시작했다.
방이 후끈후끈해지자 노인들이 견디지 못하고
보일러를 끄기 시작한다.
보일러를 켜면 다시 끄면서
숨을 쉴 수가 없다고 하소연한다.
우도 어부와 성산 해녀로 평생을 살아온 노인들,
무서운 칼바람조차도 함께 더불어 살아온 것이었다.
그 바람을 막고 온도를 높여놓으니
먼저 노인들이 질식해 죽을 것 같다는 것이었다.
미친바람인 줄 알았는데,
피해서 웅크리고만 있는 줄 알았는데
찬바람을 견딜 수 없는 것은 외지인들뿐이었다.
그 차디찬 기운 속에서 해는 뜨고 있었다.

도깨비 바람, 광치기

일출봉에서 바라보면 섭지코지가 보이고
그 길목으로 통하는 바닷가 광치기 해변이 있다.
일명 터진목으로 유명한 바닷가인데
썰물이 되면 넓게 드러나는 바위 터에서 4·3 당시
몇천 명이 그곳에서 죽었다 한다.
부락민뿐만이 아니고
사람 죽이기 적당한 장소로 지목되어
외지인들까지도 끌고 와서 죽였던 곳이었다.
터진목을 바라보는 동네에서
부모가 돌아가신 것을 추모하는 후손 한 사람은
그곳을 바라볼 수 있는 곳에 집을 짓고 살며
시퍼렇게 살아있는 그 슬픔을
아직도 삭이고 있다고 한다.
그날만 되면 동네 사람 태반이 제사를 지낸다는
동네를 지나 광치기 해변으로 가는 길,
정치와 역사의 소용돌이 속에서
아무 생각도 없이 살고 있던 무고한 양민들,
젖먹이에서부터 80이 넘은 노인들까지

무참히 살해되었다고 하는
광치기 해변 왼쪽에는 일출봉이 그림처럼 서 있고
오른쪽으로는 인물 꽤나 나는 터라는
섭지코지가 바다를 자를 듯이 날이 서 있다.
한겨울의 검은 모래바람이
더욱 차갑게 느껴지는 곳,
회오리쳐 부는 바람은 뭍에서
몰아치기도 하고 바다에서 몰아붙이기도 한다.

도깨비 바람, 태풍

봄이 오나 했더니 태풍이 몰아치는
바람의 장마가 시작되고 있었다.
오락가락 비가 내리기 시작하면서
태풍은 가을 오기 전까지
여덟아홉 개가 지나가고 있었다.
태풍이 제주도를 비껴가는 경우는 없다.
먼바다를 지나는 태풍도 제주는 영향권에 들어서
휘몰아치는 바람을 맞게 된다.
전봇대가 쓰러지고 나무가 뽑히는 것은 예사이다.
태풍이 오기 시작하고부터 지나가기까지
몰아치는 바람에 제주 사람들은 몸살을 앓는다.
외지인들에게 바람은 더 무섭다.
낮이나 밤이나 부는 바람에 동네의 축사가 무너지고
비닐하우스가 날아가는 것을 보면서
집이 날아가지는 않을까 걱정에 걱정을 하다 보면
태풍 몸살은 어쩌면 당연한 것인지 모른다.
엄청난 자연재해 앞에서
문명의 이기에 기대보기도 하고

모든 것은 지나간다고 위안을 해보기도 하지만
정전이 되고 동네가 새까매지는 밤이 되면
그 공포는 더해지기만 한다.
시간마다 기상예보를 보고 날씨를 살피면서
바람의 거대한 크기와 그 폭풍의
위력에 또 놀라기도 한다.
제주에는 돌과 바람과 여자가 많다는데,
돌은 태생적인 것이고 바람은 환경적인 것이고
여자는 재난의 결과적 의미라는 것을 깨닫게 된다.
매선 바람에도 바다에 배를 띄우는 사람들,
사시사철 바람에 고기는 잡아야 할
시기가 있는 것이라
목숨 걸고 배를 띄웠던 것이
제주에 여자가 많은 이유가 되었던 것이라.

도깨비 바람, 신화

제주에는 제주만의 역사가 있었다.
제주 사람만이 아는 바람의 역사가 있었다.
우리는 그것을 제주가 갖고 있는 신화처럼 읽는다.
세계에서 신화가 가장 많다는 제주에는
그 신화를 엮는 사람들이 있었다.
제주도 한때는 탐라국이었다.
스스로 지킬 수 없었던 비극이 역사의 수레바퀴처럼
소용돌이칠 때마다 속국으로 전전하기도 했고
언제부터인가 한 나라의 섬으로 인식되고 있지만
제주는 제주만의 독특한 인식과
특이한 삶의 방식이 있다.
외부 사람들을 마음속에 잘 들이지 않으려는 경계심은
어쩌면 당연한 역사적 교훈인지도 모른다.
소용돌이치는 바람 속에서
제주 사람들이 꿈꾸는 세계가
어쩌면 신화 속 세상인지도 모른다.
제주 사람들은 그들만의 꿈을 꾸며 위안을 받는다.
신화는 그들 삶의 방식이며 집단의식의 원천이다.

괸당 문화 속에서 끈끈함으로 의지하며
스스로를 지켜가려는 사람들,
신화가 실현되지 않는 현대문화 속에서 아직도
그들만의 신화를 쓰며 삶을 영위하고 있다.
무엇보다도 매서운 것은 사람들이 일으키는 바람,
뜨거운 피가 흐르는 억센 기운이 있다.

도깨비 바람, 동백

한겨울에 피는 붉은 동백꽃 속에
제주 사람들의 한(恨)과 삶의 의지가 있다.
4·3의 꽃이기도 한 동백꽃은
제주 사람들의 상징이기도 하다.
목을 뚝뚝 꺾어내며 낙화하는 꽃들,
꽃들이 떨어지는 시기가 되면
모가지가 끊어져 널려있는 꽃들을 보게 된다.
그래서 제주 사람들은 꽃잎 하나하나 날리는
애기동백을 심는지도 모른다.
그 누구보다 당신을 사랑한다는 동백보다
이상적인 사랑의 애기동백으로 심상을 다스리는
제주 사람들, 아직 동백꽃을 닮아 있다.
그렇게 수많은 시간을 오갔지만 잘 보이지 않았던 섬,
애기동백이 지고 나면 다시 피기 시작하는
동백꽃들처럼 웅크리고 있는 이데아들.
꽃 진 자리에 맺히는 동백 열매처럼
푸르고 단단한 것이 한여름까지 뜨겁게 익어가는
동백나무를 휘돌아 감는 바람,

시시때때로 불었다 그쳤다 하는 도깨비 같은 바람 속,
그 태생이 성산이고 그 상징이 동백이었다.
동박새 같은 뭍의 남자, 이곳에 와서야
제주 여자로만 알았던 아내가
바람의 딸이라는 것을 알게 되었다.

일출봉

산 아래에서 산꼭대기를 보고 있다.
저 위에 올라가서 해가 뜨는 것을 보면
한 뼘의 시간이 더 보일까.

■□ 해설

육화된 시, 삶의 이정표가 되다

박현솔(문학박사, 시인)

　소통은 현실적인 실존의 필수조건으로서 자신의 생각이나 감정을 타인과 함께 나누려는 것을 의미한다. 소통에는 실리적인 목적의 현존재적 소통과 보편적인 의식 일반의 소통, 하나의 체계를 공유하는 정신의 소통이 있다. 이들 소통은 모두 불완전한 것들인데 실존주의 철학자 야스퍼스는 인간이 진정한 본래적인 자기를 발견해 가는 소통을 진정한 실존적 소통이라고 보았다. 소통을 하는 상대에게 마음을 드러내 보임으로써 서로의 입장을 인정하고 불완전성을 극복하며 진정한 연대의식을 형성해 나가게 된다.
　한편 감각적 경험을 통해서 얻은 정보들을 통일하는 능력을 지성이라고 하는데 일반적으로 시에서 의미하는 지성은 미적 모더니티의 성격을 함축하는 인식능력이다. 그리고 실존주의에서 인간 조건을 이성주의 논리가 아닌 지성주의적 태도로 사유하고자 하였다. 그럼에도 우리나라의 전통 서정시파가 받아들인 지성은 이성 개념에 가까운 것이었다. 그들은 시적 주체가 현대의 파편화된 인간성을 회복하고

사상성과 완결성, 통일성을 견인해야 한다고 보았다. 그리고 1950년대 지성주의는 전후의 정치적인 상황과 시의 미학적 추구를 분리시켜서 생각하지 않았기에 많은 한계를 가지고 있었다. 그리고 1960년대는 문학의 현실참여 문제를 통해서 문학이 가진 사회적 역할에 대한 논쟁이 이어졌다. 이 시기부터 산업화가 진행된 70년대, 정치적인 역동기인 80년대에도 서정시, 모더니즘시, 초현실주의시 등 세분화된 시적 경향이 현대시의 흐름으로 이어졌다. 그리고 이 흐름 속에서 지성주의는 정신주의로 변환되어 대부분의 시적 경향 속에 조금씩 녹아들어서 그 나름의 명맥을 유지해나갔다.

전후의 암담한 분위기와 4·19 혁명, 유신체제, 6월항쟁 등을 지켜보면서 성장한 60년대생 시인들 중에서 실존주의적 시의식과 지적인 탐구정신을 가진 시인으로 김광기 시인을 들 수가 있다. 김광기 시인은 1959년생으로 전후에 전쟁의 복구가 한참 이뤄지던 시기에 충청남도 부여군 규암면 반산리에서 태어나서 석우리로 이주하여 어린 시절을 보냈다. 초등학교 때 집안의 할아버지로부터 한자를 배우고 그 과정을 통해서 사물의 본질과 만물의 이치를 공부하기 시작하였다. 그리고 청소년기에 광범위한 독서를 통해서 인식의 밑바탕을 다지고 더 넓은 세상을 꿈꾸게 되었다. 산업화와 유신체제가 있었던 1970년대에는 〈월간조선〉, 〈신동아〉, 〈월간문학〉과 〈문학사상〉 등을 접하면서 시문학과 평론들을 처음 접하기 시작하였다. 군부 독재 시대에 접어든 1980년대 초에 김광기 시인은 대학 학보사 편집장을 맡아서

학교 신문을 만들었고 〈탈 이야기〉 같은 시들을 쓰면서 당대의 현실을 그려내곤 하였다. 그리고 자본주의 발전이 심화되던 1990년대에는 무역을 하면서도 시에 대한 끈을 놓지 않았는데 삶 속에서 자연스럽게 고이는 시를 퍼내는 작업을 이어갔다. 그리고 탈산업화로 인한 소비문화와 과학기술이 급속하게 발전한 이 시기에 문학 동인과 『다층』 편집동인 등에 적극적으로 참여하며 작품 활동을 하였다. 그의 이러한 삶의 시기들을 표현한 시 「호루라기소리」에서 "60년대 호루라기소리에는 줄을 섰고/7, 80년대 호루라기소리에는 도망부터 했고/90년대 호루라기소리에는 멈칫멈칫하다가/ 세상이라도 망할 것 같았던 세기말을 한참 지난 요즘에서야/창밖의 호루라기소리가/찻길을 잡는 소리로 들리는 시간"과 같이 정치적으로 혼란스럽고 안정이 되지 않았던 그 때의 심정을 뒤늦게 토로하고 있다.

  김광기 시인은 외면적으로는 활달하면서 재치있고 지적인 것에 대한 탐색이 왕성한 반면에 내면적으로는 사유적이고 관조적이며 삶을 통해서 육화된 것들 위주로 시를 쓰는 특징이 있다. 그래서 그의 삶이 스쳐 지나간 자리에는 반드시 시가 씨앗을 터트리는 것을 보게 된다. 이번 시집에서도 그의 삶의 궤적을 따라 제주에서의 생활이 담긴 사유들이 담백하게 드러나고 있다. 그가 어디에 있든 사람들과의 소통을 중요하게 생각하고 그것을 자양분으로 삼아서 심리적이고 정신적인 도약을 도모하려는 태도는 일찍 고향을 떠나서 느꼈던 상실의 정서를 사람들의 정으로 채우고자 하는 심리적 요인이 작용한 것이기도 하다. 그리고 지식을 탐색하고 지성을 추구하는 것은 다양하고 체계적인 독서를 통해서 진리를 탐독하고 그것을 삶과 연결시켜서 자신만의 이상적인 세계를 완성하고자 하는 의지에 따른 것이라고 볼 수 있다. 여기에서 소통과 지적 사고의 추구는 세상을 향한 것이라기보다는 다분히 자기 내면을 향한 것이고 시적인 완성을 위한 것이라고 보아야 할 것이다.

그가 문단 활동을 하면서 출간한 시집으로는 『세상에는 많은 사람들이 살고』, 『곱사춤』, 『호두껍질』, 『데칼코마니』, 『시계 이빨』 등과 시론집 『존재와 시간의 메타포』 외 다수의 저서가 있다. 그리고 1998년에 〈수원예술대상〉, 2011년에 〈한국시학상〉, 2019년에 〈수원시인상〉을 수상하였고 아주대 강사 등을 역임하였다. 현재에는 『문학과 사람』 발행인으로 출판과 창작에 전념하고 있다.

1. 꽃은 제 잎을 오므려 나를 흡수한다

시드는 태양빛을 내가 먼저 게우고 있다.
짙은 안개 속처럼 희미한 시간의 늪,
빛은 아직 투사되고 있지만 온기는
사라지고 편안하던 숨도 가빠온다.
마지막 시간의 틈을 메우는 데에 온 신경이 쏠려 있다.
모두 제(除)하고 다음 세상의 문을 열어야 한다.
선인들은 나무들이 시간을 정해 놓고

꽃을 피우는 이유를 알아야 한다고 했다.
어느 시간의 꿀이 가장 단 것인지
격풍에 시달리지 않으려면 어떻게 해야 하는지,
지금도 꿈속의 유언 같은 말을 전한다.
하지만 나는 그들의 방식을 따르지 않았다.
불멸의 꽃을 통째로 가로채려 했다.
열매가 열리는 시간을 재면서
고치처럼 거꾸로 매달려 있었다.
그러나 시간의 크레바스 속으로 몸이 떨어지고
꽃은 제 잎을 오므려 나를 흡수한 것이다.
아마도 정신 줄부터 먼저 놓았을 것이다.
생존과 먹이의 등식이 수레바퀴처럼 시간을 밀듯
빛이 바닥으로 깔리며 문이 닫히고 있다.

　　– 「불멸의 꽃」 전문

　지난 시집에 실려있는 이 시에서 화자는 "다음 세상의 문을 열어야 한다"는 강박 때문에 몽환적으로 "숨"이 가빠지고 "온 신경이 쏠려" 있는 상태이다. 그리고 "열매가 열리는 시간을 재면서" 무엇인가를 기다리고 있다. "어느 시간의 꿀이 가장 단 것인지" "격풍에 시달리지 않으려면 어떻게 해야 하는지" 말씀하던 선인들의 조언은 화자를 설득시키지 못하고 다만 스쳐갈 뿐이다. 화자는 근면 성실하게 최선의 노력을 다했겠지만 앞이 보이지 않는 현실 속에서 몽환적이나마 자신의 소망이 완성되기를 고대하고 있다. 그렇게 "열매가 열리는 시간을 재면서" "고치처럼 거꾸로 매달려"서 시간을 기다리고 있는데 그것은 아마도 욕망의 완성체인 "불멸의 꽃을 통째로 가로채"기 위함일 것이다. 그러나 "시간의 크레바스 속으로" 자신의 "몸이 떨어지고" "꽃은 제 잎을 오므려" 화자를 "흡수"하고 만다. 그렇게 "생존과 먹이의 등식"에 따라서 "문이 닫히고" 만 것이다. 그렇게 모든 것이 어떤 우주의 법칙에 의해서 정해진 대로 흘러가고 있는 듯하다.

사람의 인생은 다양한 기회와 고난과 성취감을 느끼며 살아가게 세팅되어 있다. 이것을 다른 말로는 운명 혹은 운이라고 말할 수 있을 것이다. 이러한 운은 사람이 태생적으로 갖고 태어나기도 하지만 순간마다의 어떤 선택에 의해서 결정되기도 한다. 시인은 이러한 인간의 생에 관여하는 운의 모습들을 역설적으로 형상화하고 있다.

그리고 운은 사람들에게 항상 찾아오는 것이 아니라 어쩌다가 찾아오는 것이고 일상적인 삶에 관여하는 것은 대부분이 자연의 순리나 이치에 따른 것이다. 이러한 자연적인 순리를 따르면서 최선의 노력을 다하다 보면 우리가 간절히 바라는 운도 따라오게 되어 있다. 그렇게 자연적인 순리와 운은 매우 희박한 확률로 서로 일치하여 행운을 기다리는 우리를 애태우기도 한다. 그리고 이 시에서는 "불멸의 꽃"으로 형상화된 최상의 결실은 운[天命]이 있어야만 완결될 수 있을 것 같다는 여운을 남긴다. 그 운을 관장하는 것은 우주의 섭리이고 그 너머에는 우리가 짐작할 수 없는 그 어떤 절대자의 영역이 있기 때문이다. 화자 자신이 운을 결정하는 게 아니고 이 세상에서 최선의 노력을 다하고 운명 속에 자신을 던져넣었을 때 비로소 그 사람의 운명에 따라서 꽃의 형상성은 완결된다고 보는 것이다.

어렸을 때부터 한자를 공부한 시인은 만물의 이치와 순리적인 삶에 대해 깊은 사유를 하였고 또 많은 책을 섭렵하면서 철학적인 인식과 세상을 보는 안목을 키울 수 있었다. 그러한 바탕 위에서 일반적인 사고로는 쉽게 가닿을 수 없는 이러한 철학적인 시가 쓰일 수 있었던 것이다. 실존주의자이면서 현학적이고 지적인 사고를 심화시키고자 하는 시인의 성향이 여기에 오롯이 드러나고 있다.

2-1. 삶의 연(緣)을 느끼는 것은

> 태백산 꼭대기쯤에서 주목(朱木)은 자란다.
> 살아서 천년을 살고 죽어서 천년을 산다는 나무,
> 높고 깊은 산 속에서 오로지 하늘만 보고 살며
> 나날이 붉은 노을을 몸속에 재어놓은 주목의
> 그 붉은 뿌리를 낯선 집 거실에서 만난다.
> 아직도 살아있는 듯 나무는 매끄럽고 단단하여
> 집안의 탁자, 의자로 쓰이고 있는데도 범상치 않다.
> 나무를 깔고 앉아 천년의 가치를 얘기하는
> 주인장의 넉살은 백 년의 꿈조차 채 꾸지 못하는
> 범부의 삶을 더욱 초라하게 하고 있다.

괜한 삶이 미안하다. 주목을 어루만지기만 한다.
여름도 겨울 같았을 태백산 깊은 숲에서
나무는 어떤 삶을 살았는지, 바람소리 잔잔히 들리고
웅성거림이 잠시 감지되는 듯도 하였지만
그뿐이지, 어찌 그 기운을 알 수 있을까.
천년의 역사 살피며 삶의 연(緣)을 느끼는 것은
그리 어렵지 않은 것도 같지만 천년의 앞은
마음만으로도 도저히 가닿지 못할 꿈같은 길이다.
주목에게 묻지만, 살아서는 하늘만 보던 나무가
생각을 단단하게 굳힌 채 바닥만 보고 있다.

– 「천년의 연」 전문

2-2. 바퀴는 죽어 있어야 바퀴다

질기고 질긴 역동성에 숨이 차 있다.
한여름 뜨거운 목숨, 질겨 보이는 타이어가
아무렇지도 않게 길가에 자빠져 있지만
바퀴는 죽어 있어야 바퀴다.
혼자 굴러가는 것이 어디에 있는가.
함께 혼을 살아 비로소 둥근 생명을 굴리지만
저것이 움직일 때 바퀴는 바퀴가 아니다.
제 몸이 빠져 있어야 바퀴는 바퀴가 된다.
돈도 둥글고 세상사도 둥글고

둥글둥글 굴리는 바퀴
바퀴들의 세상, 굴러가야 바퀴가 되는 것처럼
질긴 목숨 다하여 세상을 굴린다.
바퀴를 잊을 수는 있지만
욕망을 싣고 달리는 바퀴를 없앨 수는 없다.
그럼에도 불구하고
바퀴는 지쳐서, 죽어 있어야 바퀴이다.

- 「바퀴」 전문

〈2-1〉에서 살아서 천년을 고고하게 살다가 죽어서 천년을 "탁자"로 살게 된 "주목"에 대한 사유가 펼쳐지고 있다. "천년"의 시간은 화자에게 매우 의미 있는 시간으로 인식되는데 그것은 역사적으로도 천년의 의미가 많이 언급되었고 시인들도 천년에 대한 시적 사유를 많이 해온 이유에서일 것이다. 예술가들은 자신의 작품이 오랜 세월을 버티고 살아남을 가능성을 점쳐보기도 하는데 이 때문에 늘 좋은 작품을 쓰려고 노력을 기울인다. 실제로 주목으로 만든 탁자의 범상치 않음에 주인도 그 기운을 감지하고 있는 듯하지만 비싼 값을 치른 탁자를 소유하고 있음에 더 만족하고 있는지도 모른다. 어쩌다가 주목으로 만든 탁자를 화자가 보게 되었고 주인은 짐작할 수 없었던 천년의 의미를 되새겨주니 저절로 어깨가 으쓱해진다. 여기에서 탁자가 된 주목은 생과 사의 모든 것을 초월한 것처럼 보인다. "천년"의 세월을

높은 하늘을 바라보면서 "나무는 어떤 삶을 살았는지" 화자는 궁금해진다. 그러나 우주의 섭리를 엿보고 싶은 화자의 물음에도 주목은 그런 건 알아서 뭐할 거냐는 듯 애써 태연한 척하고 있다. 어쩌면 인간 세상에서 주목과 같은 존재가 되고 싶은 화자의 욕망을 알아차린 것일 수도 있다. 여기에서 "연(緣)"은 세상의 모든 것은 서로 얽히고설켜 있기에 인간으로서 이생에서의 삶에 충실하고 모든 욕망과 사념을 내려놓으라는 의미일지도 모른다.

〈2-2〉는 "바퀴는 죽어 있어야 바퀴다"라는 역설적인 명제를 우리에게 던져주는 재미있는 시다. 바퀴가 자동차의 일부일 때 자신을 드러내려고 하면 차는 산으로 가거나 사고를 일으키게 된다. 하지만 차의 일부로서 존재할 때 바퀴의 기능을 온전히 다 할 수가 있다. 즉 차에서 바퀴는 그 일부로써 존재할 뿐이고 그 소명을 다하고 죽어있을 때라야 진정한 바퀴의 존재 의미를 찾을 수가 있다. 그리고 "돈도 둥글고 세상사도 둥글고"가 전환적인 부분인데 이 세상은 혼자서는 살아갈 수가 없고 사람들과 함께 어울리고 살면서 모든 것이 함께 굴러가야 둥글게 살아갈 수가 있다. 자신만의 고집으로 가득 차 있을 때 바퀴는 굴러갈 수가 없는 것처럼 자신의 모든 것을 내려놓을 때 비로소 유연하게 굴러갈 수 있고 세상과 더불어서 살아갈 수가 있다. 나아가 죽어서야 그 의미가 증폭되는 바퀴의 의미는 아이러니를 드러내면서 깊은 깨달음을 주고 있다. 살아서 열심히 세상을 달리고 죽어서는 등산로에 납작 엎드려있는 그 위대한 쓸모 앞에서

왠지 마음이 숙연해진다. 교만하지 않고 세상을 통찰하면서 살아갈 수 있다면 그 어떤 사물에게서도 배움을 얻지 않을 이유가 없는 것이다.

3. 무수히 꽃과 마음을 나누었을 당신

꽃의 절정을 꺾어 말리고 덖고 우려
입이 데일까 싶어 입안이 뜨거울까 싶어
혹시는 꽃의 화기에 몸이 데지는 않을까 싶어
후후 불면서 차를 마신다.
꽃차를 마시는 것이 아니라
당신과 함께 있는 시간을 마시고 있다.
가끔씩 꽃차의 효능에 대해 듣고 있을 때는
채 발화하지 못한 일그러진 꽃의 형상을 보기도 한다.
하지만 형상 너머의 것을 보는 듯
더 아름답게 환생한 꽃을 내어놓듯
제 몸을 우려 내어준 꽃에 경배하듯
이렇게 귀한 시간에
그렇게 구하기 어렵다는 차를 대접하며
당신은 누누이 꽃차에 대해 말하고 있다.
나는 지금 당신의 환한 모습이 꽃차보다
그 이전의 꽃보다 더 아름다울 것 같다고 생각한다.
여전히 나는 따라주는 대로 얼른 꽃차를 비우지만
당신은 고상하고 품위 있게 차를 마시고 있다.

꽃차의 의미보다 솔솔 피우는 꽃차 향보다
차를 마시고 있는 그 모습에 취한다.
꽃을 거두면서 꽃잎을 말리고 덖고
오늘 이 시간을 위해 하나하나 담아두면서
무수히 꽃과 마음을 나누었을
당신의 지난 시간은 더 아름다웠을 것이다.
그리고 지금 어떤 꽃의 소멸은
이 시간의 기슭에서 만난
우리 만남을 더 삶답게 우려내고 있다.

― 「꽃차를 마시다」 전문

시적 화자는 "꽃차"를 만들어서 대접하고 있는 "당신"의 호의와 꽃차에 대해서 의미 부여를 하고 있다. "꽃을 거두면서 꽃잎을 말리고 덖고" "무수히 꽃과 마음을 나누었을" "당신의 지난 시간"을 떠올리는 꽃차의 의미가 남다르게 느껴진다. 꽃이 피기 시작했을 때의 시간과 꽃이 절정에 피었을 때의 시간과 꽃이 일그러져서 차가 되는 그 시간까지 모두 인간에게 바치는 "꽃차"는 그것을 마시는 사람에게 많은 생각을 하게 하고 그로 인해서 위안을 얻게 한다. 그러니까 지금 화자는 꽃차를 마시면서 꽃과 소통을 하기도 하고, 귀한 차를 대접하는 상대방의 마음과 소통을 하기도 한다. 꽃차를 앞에 두고 눈으로 한 번 마시고, 향기를 맡으면서 후각으로 들이마시고, 마지막으로 혀끝으로 느끼는 은은한 꽃차를 황홀하게 즐기고 있다. 꽃의 전 생애와 그것을 흔쾌히 자신에게 내어주는 당신의 그 귀한 마음을 받고서 화자는 가슴이 뭉클해진다. "꽃의 소멸"은 새로운 만남을 위한 계기가 되고 그로 인해 새로운 인연을 이어가게도 하기에 모든 생명의 헌신은 귀하고 소중한 것이다. 일찍 사회생활을 시작한 김광기 시인은 어려운 여건과 상황 속에서 삶을 꾸려왔기에 누군가가 자신을 위해서 마음과 정성을 쏟는 것에 남들보다 더 깊은 인상을 받았을지도 모른다. 그래서 다른 사람을 대접하고 소통하는 일에 자신도 정성을 다하게 되었을 것이다.

4-1. 지표에 굳게 박힐 미명이라는 것

뿌리가 흔들린다.
살아 있다는 것만으로
세상의 뿌리는 되지 못한다.
온 마음을 현실에 심고
몸을 움직이는 것 같지만
그렇기 때문에 두말할 것도 없이
뿌리는 관념이다.
그냥 그랬으면 하는 허구일 뿐이다.
부표처럼 떠다니는
세상에서의 뿌리의 역학,
소실되는 것이지만

어쩌면 이미 무명을 얻은 것일지도 모르지만
언젠가는
지표에 굳게 박힐 미명이라는 것을 믿으며
멀쩡하게
다시 가지가 되고 잎이 되고 싶은,
볼 수도 느낄 수도
만질 수도 없는
이 환상의 리듬들.

— 「뿌리의 역학」 전문

4-2. 그림 속 열정이 다시 살아나는

때 절은 소매가 푸른 나뭇잎을 스치며
태양 빛깔의 검붉은 열매를 따낸다.
쌉싸름한 아침 커피의 떫은 향내에서
이국소녀의 달착지근한 입내가 배어 나온다.
붉은 미소 속에서 옹알거리던 씨알을
뜨건 화로에서 볶아낸 듯하다.
그래서 그런지 한여름에도 커피는
뜨겁게 마셔야 제맛을 음미할 수가 있다.
몽상에 젖은 아침의 향기가 코끝을 스치다가
입안을 채우다가 옹알이처럼 구르고 있다.
오래전에 마셨던 다방커피도 그렇고

소소한 기억들을 재생시키고 소멸시키는
요즘의 아메리카노,
마시고 또 마셔도 욕망의 불기운을 다 삼킬 수는 없지만
고갱의 태양빛 그림 속 열정이 다시 살아나는
한순간 한순간을 펼쳐놓으며, 우리는
좋은 시간마다 만나 뜨거운 커피를 마신다.
오래 만난 것 같은 사람, 맑은 영혼을 가진
당신의 웃음에서 커피향이 나고
함께 머문 시간 속에서 세상의 욕심들이 삭는다.
아메리카 신화가 된 이국소녀의 숨결이
탁자 사이를 오가며 혼을 사르고 있다.

- 「커피와 고갱과 나」 전문

⟨4-1⟩에서 화자가 느끼고 경험한 세상살이를 통해 "뿌리"의 "관념"에 접근하고 있다. 물체의 운동에 관한 법칙을 연구하는 "역학"을 시에 연결시킨 것은 세상 속을 떠돌며 살아온 화자의 삶이 뿌리가 없는 부초와 같았기 때문이다. 실제로 사춘기 때 집을 나와서 떠돌며 살았던 시인은 다른 친구들이 튼실한 가정 속에, 고향에 뿌리를 내리고 살고 있는데 자신만 뿌리도 없이 떠돌고 있는 것을 느끼며 "살아 있다는 것만으로/세상의 뿌리는 되지 못한다"는 것을 깨닫는다. 그래서 "뿌리"에 대한 갈망이 아무리 간절해도 그것은 "관념"이고 "허구"일 뿐이다. 그렇게 몸이 세상을 떠돌며

살아가지만 마음속으로는 뿌리를 넘어서 "가지가 되고 잎이 되고 싶은" 욕망도 가지게 된다. 하지만 그것은 현실 속에서 다시 "볼 수도 느낄 수도/만질 수도 없는" "환상의 리듬"일 뿐이다. 그러나 아이러니하게도 화자가 어딘가에 뿌리를 내리고 살아갈 수 있기를 바라는 소망이 내재해 있지 않았다면 뿌리에 관한 사유를 처음부터 키우지 못했을 것이다. 생존이라는 현실적인 조건을 넘어서는 꿈이 있기에 뿌리의 욕망도 키울 수 있었고 "무명"으로 사라지는 존재가 아닌 세상에 나를 각인시키는 기회도 얻을 수 있는 것이다.

〈4-2〉는 "고갱" "이국소녀" "커피"로 이어지는 연상구조로 되어 있다. 시적 화자가 바라본 "고갱의 태양빛 그림 속"에는 피부가 그을린 소녀들이 자주 등장하는데 그 소녀들은 열악한 환경 속에서 커피 열매를 따서 가족들의 생계를 유지한다. 그렇게 각 나라로 퍼져나간 커피는 화자에게까지 오게 되고 이러한 삼각형의 연상구조 속에서 이 시는 구체적으로 형상화되고 있다.

시적 화자는 "오래 만난 것 같은" "맑은 영혼을 가진" 누군가와 함께 카페에 앉아 그윽한 커피향기에 어울리는 담소를 나누고 있다. 커피를 매개로 두 사람은 깊은 소통을 나누고 그로 인해서 화자가 마음속에 가지고 있던 고민이 해소가 되고 "세상의 욕심들이 삭는" 느낌을 받는다. 친구와의 진정한 소통을 통해서 힘든 세상살이의 위안을 얻고 다시 세상 속으로 나아갈 힘을 얻고 있는 것이다.

5. 빗속에서 날아오는 날갯짓의 운명 같은

당신은 나의 혼이었다 하지요.
반짝이는 영혼이 나비처럼 내게로 옵니다.
궂은비 내려 날개가 젖습니다.
프시케, 아픈 나의 사랑이 됩니다.
이 사랑을 그대에게 전하고 싶습니다.
하지만 이 사랑의 무게가
그대에게 짐이 될까 두려워합니다.
비는 또 내리고 있습니다.
온 허공을 다 적시고 있습니다.
당신과 손을 잡고 그 빗속에 있습니다.
비는 슬픔이었다가 아픔이 됩니다.
다시는 비가 슬픔이 되지 않는 그런 날들 속에서
언제나 당신과 함께 하는 사랑이고 싶습니다.
당신과 함께 우산 하나 속에서 포근한
그런 사랑이고 싶습니다.
빗속에서 날아오는 날갯짓의
운명 같은, 그런 우산 하나를 갖고 싶습니다.
비가 내려도 젖지 않는
마음 깊숙이 우산대를 세우고
고운 눈빛 하나하나에 우산살을 붙입니다.
당신의 미소처럼 맑은 천도 덮습니다.
든든한 지붕이 아니어도 괜찮습니다.

이 사랑만 젖지 않았으면 좋겠습니다.
반짝이는 당신의 날갯짓으로
온 세상이 다 아름다워질 것입니다.

- 「프시케, 날갯짓」 전문

이 시는 프시케와 에로스의 사랑을 그린 그리스 신화에서 영감을 받아 쓴 시다. "프시케"는 사랑의 신이면서 에로스의 아내인데 그리스어로 마음 혹은 정신 또는 나비를 뜻하기도 한다. 일반적으로 "나비"는 영혼을 의미하는데 시적 화자에게 날아온 나비는 "당신"을 가리킨다. 즉 자신의 사랑을 신화적 사랑으로 격상시키고자 하는 화자의 의도를 간접적으로 엿볼 수가 있다. 세상의 풍파를 겪고 진정한 사랑을 만난 "당신"과 그런 그녀를 안쓰럽게 바라보는 화자의 사랑이 아름답게 그려지고 있다. 그리고 그리스 신화에서 프시케가 당한 여러 시련이 여기에서는 비 오는 상황으로 대체되고 있다. 그리고 "우산"은 그러한 시련을 극복하고 당신을 지켜내고자 하는 화자의 의지를 의미한다. 비 오는 날 우산 하나를 가지고 궂은 날씨를 견뎌야 하는 두 사람의 현실적 상황은 안타깝지만 그 사랑을 지켜내려는 화자의 의지는 더욱 견고해지고 있다. 그리고 화자에게로 나비처럼 날아온 사랑과 시련을 극복하면서 화자에게 이른 그 사랑의 집념은 그리스 신화 속 프시케와 유사성을 갖는다. 이렇듯 두 사람의 만남과 사랑은 현실의 시련을 넘어서 전생에서부터 이어져

온 인연으로서 필연적이고 운명적인 것임을 확신하게 되는 것이다.

6. 텍스트 계단, 무수히 밟히는

숨구멍을 열고 오밀조밀 몰려있는 개미집 같고
곧은 씨알들이 촘촘히 박힌 해바라기 같기도 하지만
선험의 숨결이 응축된 기표와 기의의 횡단들,
무수한 기운들이 스멀스멀 피어나 세상으로 퍼진다.
소리로 키워내는 순간 의미는 분해되는 듯하지만
가슴에 다시 고여서 탄력을 갖는 패러다임,
읽을 때마다 의미는 달라진다. 뜻은 그대로이더라도
좌표는 달라진다. 삶의 경륜으로 읽히는 텍스트,
벽에 꽂힌 무수한 텍스트들,
갓가지의 무늬로 아침을 밝히고
때로는 깨알처럼 때로는 고딕폰트 문양 같은 높이로
시작을 알린다. 다시 텍스트만 있는 것 같다.
이제는 횡렬에 따르지 않고 아래를 내려 밟는다.
그렇게 오르려고만 했던 계단을 내려가기만 할 때
중심을 지탱하던 관절의 삐걱거림을 느끼며
노쇠한 무릎 때문에 올라가는 것보다 내려가는 것이
더 힘들다던, 어머니를 생각한다. 지나온 삶이 아니면
도저히 따라 읽을 수 없는 시간에 한 걸음씩 내려가는
텍스트 계단, 무수히 밟히는 시니피앙 시니피에들.

― 「에피스테메, 텍스트 미학」 전문

여기에서 "텍스트"는 화자에게 단면적인 것이 아니라 입체적이고 철학적인 것으로 인식되고 있다. "시니피앙"이 표면적이고 기호적인 것이라면 "시니피에"는 기호 너머의 의미적인 것을 지시한다. "에피스테메"는 플라톤과 아리스토텔레스 철학에서 순수 이성에 의해 얻어지는 관념의 지식 영역으로서 형이상학의 경계를 만드는 체계를 의미한다. 시인은 어느 지면에 발표한 시가 초월적이라는 평가를 평론가로부터 듣고 그것에 대해 화답의 의미로 이 시를 썼다고 한다. 여기에서 시인은 자신이 이미 지식과 관념의 욕망을 초월한 것은 아니고 아직 그것들을 다스리거나 내려놓으려고 애쓰는 중이라고 말하는 듯하다. 다른 시 「거미, 거미 망, 다시 거미」에서도 시니피앙이라는 단어가 나오는데 "혹시 버그란 말을 아니? 버그라는 말 속에서 너는 단지 하나의 기호에 지나지 않는다. 시니피앙이란 기호를 너도 알아야 할 거야, 2 ㅈ ㅣ ㄴ ㅂ ㅓ ㅂ 의 기호마저도 해체가 되는 기표적 기호의 정체 속에 넌 이미 하나의 ㅂ ㅓ ㄱ ㅡ 라는 기호로 등록된 것이나 마찬가지니까"에서 네가 버그라는 기호임을 상징적으로 보여주고 있다.

사람들은 지식이나 지적 욕망을 성취하기 위해서 앞으로 나아가는 것이 어렵다고 생각하지만 사실은 아래를 내려다보며 내려오는 것이 더 힘들다고 할 수 있다. 그래서 여기에서 "선험의 숨결"과 선험적 지식으로서 "어머니"가 등장하는 것은 매우 적절한 배치이다. 아픈 무릎을 부여잡고 계단을 내려가는 어머니의 모습에서 화자의 지식을 향한 욕망을 내려놓으려는 의지가 자연스럽게 대입되면서 "텍스트 미학"이 완성되고 있다.

김광기 시인은 외래어나 신화적인 용어, 철학적 용어 등을 시에 자연스럽게 끌고 들어온다. 그 이유는 우리말로 전달할 수 없는 개념들은 본래의 어원 그 자체로 써주어야 한다는 소신이 있기 때문이다. 그리고 김광기 시인이 국문학 외에도 심리학, 행정학, 법학 등을 공부하며 지적 호기심을 충족하고 그로써 습득된 현학적 사고를 통해서 시의 연역적 구조를 쌓으려 한 것은 어쩌면 당연한 결과인지도 모른다. 그러나 무엇보다도 김광기 시인의 무의식의 기저에는 실존주의자로서 내면적인 고투를 통해서 인간의 보편적이고 근원적인 사고를 확장시켜서 자신만의 시세계를 이루고자 하는 의지가 내재되어 있다.

또한 김광기 시인은 자신의 시에서 버려지고 소외된 사물을 통해서 재생의 의미와 새로운 역할을 깊이 있게 조명하거나 어렵게 정성을 들여 마련한 꽃차를 통해서 대상과 진정한 소통을 하고, 힘겹게 꿈을 키우면서 비로소 그 꿈에 가까워지는 우리의 인생사와 자신의 사랑을 신화적인 단계로 끌어올리는 의지를 갖기도 한다. 그리고 현학적 사고를 통해서 더 큰 의미의 세계로 나아가려 하는 등의 다양한 시도를 하고 있다. 그는 전통 서정시를 쓰면서도 글로벌 마인드를 가지고 있고 다양한 지적 사고를 추구하면서도 삶에서 퍼 올리는 시를 진짜라고 생각한다. 그렇게 가장 근원적인 것에서부터 가장 현학적이고 실험적인 것까지 모두 아우를 수 있는 지성과 감성을 모두 갖추고 있는 김광기 시인은 열림과 닫힘, 나아감과 멈춤, 쌓아 올리기와 허물기를 자유자재로 할 수 있게 되기까지 오랜 세월 동안 시를 향한 열정으로 노력하고 꾸준히 연마했음을 알 수가 있다. 그러나 무엇보다 인간관계에서 진정한 소통을 추구하면서 진심으로 사람들에게 다가가려고 하는 마음과 삶으로 육화된 시를 써야겠다는 의지를 다지는 모습이 진정으로 믿음이 가는 시인이다. 세상 사람들이 말하는 성공에 치열하게 몰두했다면 누구보다 많은 부와 명성을 얻었을 것이다. 그러나 시인으로서의 삶에 만족하고 자족하는 모습은 이 세상 사람의 것이 아닌 어떤 무념무상의 세계에 살고 있는 존재의 모습이라고 할 수 있을 것이다.